Klaus Wagener Karen Meier-Ebert

Tische dekorieren

Die schönsten Ideen für jede Feier

BLOOM'S by Ulmer

Vorwort

Das Auge isst mit! Und auch wenn nur Spaghetti mit Tomatensoße auf dem Speiseplan stehen, auf einem schön gedeckten Tisch macht selbst die einfachste Mahlzeit was her. Ob Frühstück mit Freunden, Geburtstagsfeier, Hochzeit oder Silvesterparty – wenn es etwas zu feiern gibt, sollte man sich die Zeit nehmen, um mit einer liebevollen Tischdekoration ein zum Anlass passendes Ambiente zu schaffen. Denn mehr als auf ein perfektes und bis ins letzte Detail ausgefeiltes Menü kommt es darauf an, dass sich Ihre Gäste persönlich wertgeschätzt und wohl bei Ihnen fühlen.

Dabei muss ein einfallsreicher Tafelschmuck nicht automatisch teuer oder mit sehr viel Arbeit verbunden sein. Auch ganz alltägliche Gebrauchsgegenstände wie beispielsweise Flaschen oder Versandtaschen können äußerst dekorativ zweckentfremdet werden. Wer's nicht glauben mag, kann sich in diesem Buch vom Gegenteil überzeugen.

Damit beim Nachmachen alles gelingt, haben wir Ihnen zu jeder Tafel eine Checkliste mit den wichtigsten Dingen, die Sie brauchen, zusammengestellt. Und – ob kleine Feier oder großes Dinner – damit Sie auch wirklich für alle Gelegenheiten gerüstet sind, finden Sie auf den Serviceseiten zusätzliche Information für perfekte Gastgeber. So, meinen wir, kann eigentlich nichts mehr schief gehen.

Wir wünschen Ihnen viel Spaß beim Blättern und Sich-inspirieren-lassen, beim Planen, Vorbereiten und beim Feiern!

Inhalt

Service

Keine Chance für Morgenmuffel

Keine Chance für Morgenmuffel

Was gibt es Schöneres, als ein gemeinsames ausgedehntes Frühstück mit Freunden? Am späten Sonntagvormittag, wenn alle ausgeschlafen sind und man in aller Ruhe mal wieder die neuesten Neuigkeiten austauschen kann. Zu frischen Brötchen, Croissants und duftendem Kaffee gesellt sich die gute Laune wie von selbst.

Der Stil

Ein Frühstück oder Brunch sollte nicht zu aufwändig in der Vorbereitung sein. Schließlich wollen die Gastgeber auch nicht mitten in der Nacht aufstehen. Daher eignen sich Speisen und Dekorationen am besten, die schnell gemacht sind oder bereits am Vortag vorbereitet werden können. Verschiedene Rosatöne verleihen der Frühstückstafel eine morgendlich leichte und unbeschwerte Atmosphäre. Blüten in Rüschenoptik wirken feminin-romantisch. Obstsalat und Fruchtjoghurt verlocken mit süßem Aroma in transparenten Glasschalen. Frisch und smart kann der Tag beginnen.

Es geht doch nichts über ein Frühstücksei! Mit einem bunten Schriftzug in der Farbe der Blüten verwandelt es sich im Handumdrehen in eine charmante Tischkarte. Eine minimalistische Dekoration, die auch in allerletzter Minute noch gelingt.

Pfingstrosen bezaubern die Gäste mit ihrer üppigen Blütenpracht. Da die Blumen in voll erblühtem Zustand etwa handtellergroß werden, sind für den Tischschmuck nur wenige Exemplare nötig. Durch blütenförmige Wachs- oder Pappschablonen werden sie in zylindrische Glasgefäße gestellt und in einer Reihe auf dem Tisch arrangiert.

Mehrere schlichte, durchsichtige Glasvasen sind die beste Basis für eine abwechslungsreiche Dekoration. Am besten füllen Sie die Gefäße jeweils mit einer Blumensorte in Pastell, wie zum Beispiel mit cremefarbenen Poliantha-Rosen. Zum Schluss um jede Vase ein verspieltes Organzaband knoten.

Wer die Serviette nicht einfach neben den Teller legen will, schmückt sie mit einem feinen Organzaband, an dem eine einzelne Wicke zusammen mit einer Wachs- oder Pappblume gebunden wird.

Erdbeer-Lassi Der erfrischende Drink bringt morgens die richtige Vitaminpower. Für 6 Personen pürieren Sie 600 g Erdbeeren mit 2 EL Limettensaft, 500 g Vollmilchjoghurt, 200 ml eiskaltem Mineralwasser, 2 Pck. Vanillezucker und ca. 12 Eiswürfeln im Küchenmixer. Nach Geschmack süßen und in Gläser füllen.

Checkliste

➔ **Geschirr:** geradliniges Porzellan in Rosa- oder Pastelltönen, ersatzweise weißes, schlichtes Porzellan, transparente Glasschalen

➔ **Tischwäsche:** einfarbige Tischdecke und Servietten in Fliedertönen, alternativ weiße Tischdecke und darauf Tischläufer in Rosa oder Fliederton und entsprechenden Servietten

➔ **Blumen:** Blüten in Lila-Rosatönen und Romantikoptik, wie z. B. Wicken, Poliantha-Rosen, Levkojen, Pfingstrosen, Flieder

➔ **Außerdem:** pastellfarbenes Organzaband, Dekoblumen aus Wachs oder Pappe

Dos und Don´ts für Gastgeber

Häppchen mundgerecht servieren

Nicht alle Gäste treffen zur gleichen Zeit ein. Bis die Runde komplett ist, kommen die Anwesenden bei einem Aperitif und kleinen Häppchen schon mal in Stimmung. Achten Sie darauf, dass die Snacks gerade so groß sind, dass sie mit einem Biss im Mund verschwinden. Denn schließlich brauchen die Gäste zur Begrüßung freie Hände, und Krümel auf dem Abendkleid machen keinen guten Eindruck.

Vorlieben beachten

Geschmäcker sind bekanntlich verschieden, und das ist auch gut so. Sie werden jedoch bei Ihren Gästen nicht punkten, wenn Sie zum Hauptgang einen schweren Schweinebraten servieren und die Hälfte der eingeladenen Personen Vegetarier ist. Damit das Menü zu einem Festessen wird, erkundigen Sie sich vorher bei Ihren Gästen nach Vorlieben und Abneigungen, und richten Sie danach die Wahl der Speisen aus.

Vasen parat halten

Sicherlich kennen Sie die Situation: Mehrere der Eingeladenen bringen Ihnen Blumen mit. Nun beginnt für Sie die Suche nach geeigneten Vasen, während sich die Gäste langweilen. Um dies zu vermeiden, halten Sie immer einige Gefäße in verschiedenen Größen griffbereit. So sehen die Gäste ihr Mitbringsel gewürdigt und die Sträuße sind schnell artgerecht versorgt.

Wünschen der Gäste zuvorkommen

Das Essen ist bereits in vollem Gange, Ihren Gästen schmeckt's hervorragend, und alle könnten sich kaum angeregter unterhalten. Doch ehe Sie sich versehen, sind die Gläser schon wieder leer. Haben Sie ein Auge darauf, dass Ihre Gäste immer gut versorgt sind. Gute Freunde können Sie darum bitten, Sie bei dieser Aufgabe zu unterstützen.

Sitzordnung wohl überlegen

Arrangieren Sie die Tischordnung so, dass die Kommunikation unter den Gästen erleichtert wird. Sehr gute Freunde, die sich häufig sehen, sollten auseinander gesetzt werden. Auch Paare werden für diesen einen Abend getrennt, mit Ausnahme von Unverheirateten und Verlobten. Einander völlig fremde Tischnachbarn sollten Sie nach gemeinsamen Interessen platzieren, um Gesprächsstoff sicherzustellen.

Durch Abwesenheit glänzen

Sie als Gastgeber sind der Star des Abends, keine Frage! Dennoch sind lange Telefonate in Anwesenheit Ihrer Gäste ein Zeichen von Nachlässigkeit, und sie fühlen sich schnell fehl am Platz. Auch als Geburtstagskind sollten Sie nicht zu viel Zeit mit dem Auspacken Ihrer Geschenke verbringen, sondern diese lieber auf einem Gabentisch sammeln. Packen Sie die Präsente am nächsten Morgen in aller Ruhe aus, und bedanken Sie sich per Telefon oder Dankeskarte.

Tische überdekorieren

Eine attraktive Tischdekoration ist das A und O bei jedem Fest. Dennoch sollten Sie beachten, dass weniger manchmal mehr ist. Überladen Sie den Tisch nicht, schließlich brauchen Ihre Gäste Bewegungsfreiheit. Vermeiden Sie außerdem zu hohen Tischschmuck – es wäre doch schade, wenn Sie Ihre Freunde dahinter kaum sehen können!

Patzer der Gäste diskutieren

Eine ausschweifende Bewegung, zwei linke Hände – schnell ist ein kleines Malheur passiert, die Tischdecke bekleckert oder ein Kratzer auf dem Parkettboden. Das allein ist Ihrem Gast schon peinlich genug, daher sollten Sie als Gastgeber dem Missgeschick nicht so viel Beachtung schenken. Schließlich soll die Feier unbeschwert weitergehen. Versorgen Sie nur das Nötigste und kümmern Sie sich ausführlich darum, wenn die Gäste gegangen sind.

Einzelpersonen allein lassen

Häufig gibt es Gäste, die niemanden in der Runde kennen. Überlassen Sie diese nicht sich selbst, sondern stellen Sie sie aktiv anderen Freunden vor. Gute Anknüpfungspunkte sind gemeinsame Interessen. So führen Anke, die gerade aus dem Englandurlaub zurück ist, und Englischlehrer Thorsten sicherlich schnell ein ungezwungenes Gespräch.

Perfekt sein wollen

Verbringen Sie nicht zu viel Zeit in der Küche, mit dem Drang, alles zweihundertprozentig machen zu wollen. Den meisten Gästen ist eine nette Unterhaltung mit Ihnen wichtiger als ein bis ins Letzte ausgefeiltes Menü. Schließlich sind sie Ihretwegen gekommen.

Der Frühling treibt es bunt

Der Frühling treibt es bunt

Endlich, die langen grauen Wintertage sind vorbei! Draußen sprießt und blüht es in den herrlichsten Farben und sorgt für die ersten Frühlingsgefühle. Nix wie raus in die Natur! Zu blütenreichen Entdeckungsreisen, zu Ausflügen mit Kind und Kegel und anschließender Einkehr zum Frühlingslunch mit Nachbarn und Freunden.

Der Stil

Hauptsache bunt! Denn die Farbe ist es, die wir in den Wintermonaten so vermisst haben und über die sich jetzt alle umso mehr freuen. Eine kunterbunte Mischung Frühjahrsblüten schmückt daher den Tisch beim Frühlingslunch. Einfach und schnell arrangiert, fröhlich und beschwingt in der Wirkung, ist dies die ideale Begleitung für ein leichtes Gericht mit frischem Gemüse und knackigem Salat. Ein toller Start in die Saison!

Rund und bunt. In einem Kreis schlichter Zinkgefäße kommen die farbenfrohen Frühlingsblüten toll zur Geltung. Nicht unbedingt nötig, aber schön: Die blumige Wirkung vervielfacht sich, wenn Sie die Vasen auf dem breiten Rand eines Spiegels platzieren. Eine Dekoration, die sich besonders gut auf runden und quadratischen Tischen macht.

Ganz schön tricky: Damit die einzelnen Blüten in den Zinktöpfen den nötigen Halt bekommen, füllen Sie die Gefäße mit kurz geschnittenen Birken- oder Heidelbeerzweigen und natürlich mit Wasser. Dann erst werden die Blüten dazwischen gesteckt. Frei nach dem Motto: Erlaubt ist, was gefällt – so lange es schön bunt ist.

Wer viele Gäste an einer langen Tafel bewirtet, kann die Dekoration ruckzuck abwandeln. Ordnen Sie die Gefäße einfach in einer lockeren Reihe in Längsrichtung des Tisches an.

In die bunte Topfreihe fügen sich auch Kerzen und die Tischkarten mit ein. Füllen Sie die Gefäße mit kurz geschnittenen Thymian- oder Heidelbeerzweigen und Wasser, und stecken Sie in die Mitte eine Tête-à-Tête-Narzisse. Ein beschrifteter Aufkleber verrät, wer sich darüber freuen darf.

Topf-an-Topf Schlichte Zinkgefäße sind farblich neutral und eignen sich daher besonders für Dekorationen mit bunten Blüten und Pflanzen. Sie sind in den meisten Gartencentern in unterschiedlichsten Ausführungen und Größen erhältlich. Bevor Sie sie auf einen wertvollen Holztisch stellen, sollten Sie jedoch unbedingt testen, ob sie auch wirklich wasserdicht sind.

Checkliste

→ **Geschirr:** geradliniges weißes Porzellan, schlichte Gläser

→ **Tischwäsche:** keine Tischdecke, je nach Tischplatte alternativ weißes Leinen oder Baumwolle, entsprechende Servietten (diese können, je nach Belieben, aber auch eine der Blumenfarben aufgreifen), alternativ Tischsets aus Baumwolle oder Filz in Rot oder Orange

→ **Blumen:** bunte Frühlingsblumen wie z. B. Anemonen, Narzissen, Tulpen, Vergissmeinnicht, Ranunkeln, Tête-à-Tête-Narzissen in Rot, Orange, Gelb, Rosa und Blau, Birkenzweige, Heidelbeer- oder Thymianzweige

→ **Außerdem:** Zinktöpfe in verschiedenen Größen als Vasen, für die Tischkarten und Kerzen, kleine Kugel- oder Stumpenkerzen, die in die Zinktöpfe passen

Verliebt, verlobt, verheiratet

Verliebt, verlobt, verheiratet

Die Zeit der Heimlichkeiten ist vorbei, und jetzt sollen es alle wissen. Diese Zwei gehören zusammen – nun auch ganz offiziell! Wenn das kein Grund ist, sich mit den liebsten Freunden und der Familie zu versammeln. Zur Verlobung im engsten Kreis oder zur kleinen Feier nach der standesamtlichen Trauung.

Der Stil

Formeller Anlass, formelle Tischdekoration. Warum nicht, wenn sie dabei so adrett daherkommt! In ihrer strengen Anordnung und in der Reduzierung auf wenige Farbtöne erscheint sie besonders edel und unterstreicht die wichtige Bedeutung des Anlasses. Ob dabei zuhause gefeiert wird oder beim Nobelitaliener Ihrer Wahl, ist egal. Denn je nach Größe der Tafel und Anzahl der Gäste lässt sich dieser Tischschmuck beliebig erweitern oder reduzieren.

Würfellook für Anemonen. Die Tischdekoration aus weißen Blüten und dunklen Blättern wirkt besonders modern und gleichzeitig sehr edel. Selbst die Kerzenhalter reihen sich harmonisch in die strenge und klare Gestaltung ein und werden auf die gleiche Weise gefertigt wie die Blütenwürfel.

Die einzelnen Anemonenblüten finden Halt in Steckschaum, der von großen dunkelgrünen Blättern mithilfe von Nadeln ummantelt wird. Wichtig: Lassen Sie den Rand der Blätter an der Oberseite etwas überstehen und bedecken Sie den Steckschaum mit getrockneten weißen Bohnen. Die Blütenwürfel jeweils zu viert in einer flachen Schale arrangieren.

Zum formellen Anlass passen edle Damastservietten, die kunstvoll gefaltet sind. Als zusätzlicher Schmuck wird auf Pergamentpapier ein quadratisches Stück Blatt geklebt und mit Satinband und einer Schmucknadel an der Serviette befestigt.

Für die Tischkarten werden aus einem großen Blatt und beschriftetem Pergamentpapier je ein Quadrat ausgeschnitten und mit der Ösenzange fixiert. Knoten Sie durch die Öse ein zierliches Satinband und klemmen Sie das Namensschildchen in einen Fotohalter ein.

Blatt für Blatt Zum Ummanteln der Steckschaumwürfel eignen sich die großen Blätter von Schusterpalme (Aspidistra elatior) und Efeu (Hedera canariensis) am besten. Alternativ können Sie aber auch Keulenlilie (Cordyline terminalis), Hasenohrpalme (Chamaedorea stolonifera) oder Bronzeblatt (Galax urceolata) verwenden.

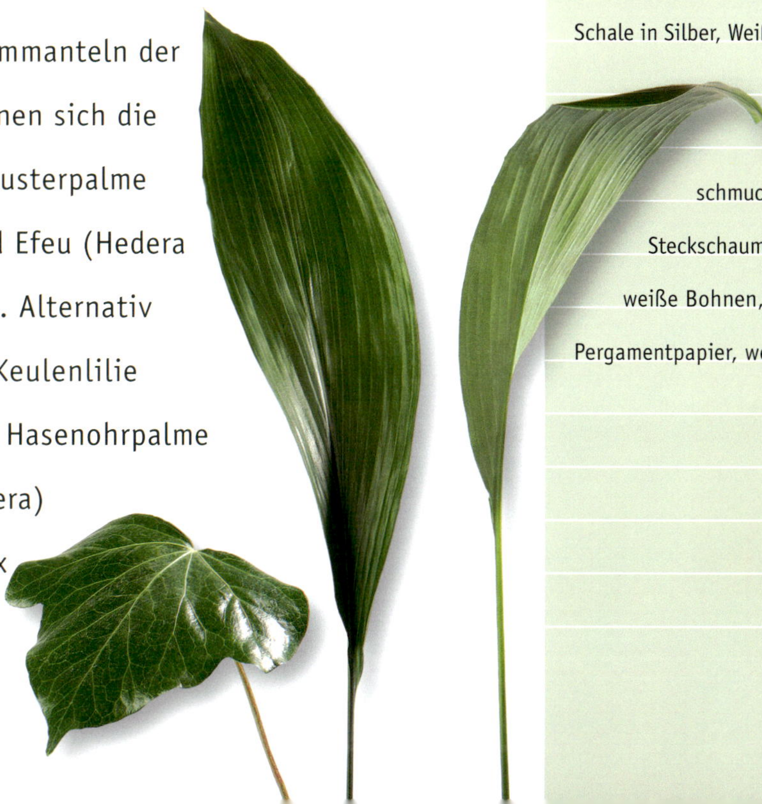

Checkliste

➔ **Geschirr:** aus Bestand des Restaurants, vorzugsweise geradliniges weißes Porzellan, gläserne Platzteller, schlichte aber feine Gläser

➔ **Tischwäsche:** weiße, schwere Damastdecke, große weiße Damastservietten

➔ **Blumen:** weiße Anemonen, Blätter von Schusterpalme und Efeu, alternativ von Keulenlilie, Hasenohrpalme oder Bronzeblatt

➔ **Außerdem:** rechteckige flache Schale in Silber, Weiß oder Dunkelgrün zum Platzieren des Blumenschmuckes, Stecknadeln, Steckschaum, getrocknete weiße Bohnen, Fotohalter, Ösen, Pergamentpapier, weißes Satinband

Falten erwünscht!

Servietten gehören zum gedeckten Tisch wie die Butter aufs Brot. Raffiniert und liebevoll gefaltet, schaffen sie eine persönliche Atmosphäre auf jeder Tafel. Sie werden staunen, wie mit einfachen Handgriffen die schönsten Kreationen entstehen und Sie damit als perfekter Gastgeber punkten. Alles, was Sie dazu brauchen sind gebügelte und gestärkte Servietten.

Strelitzie

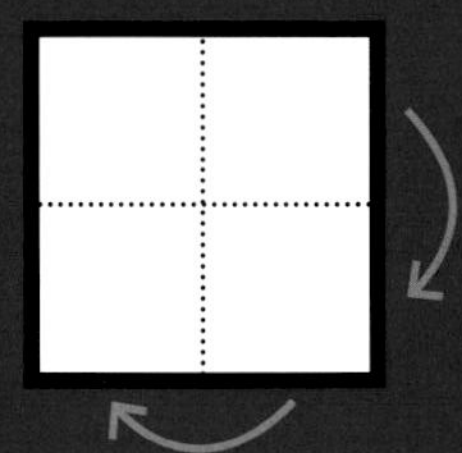

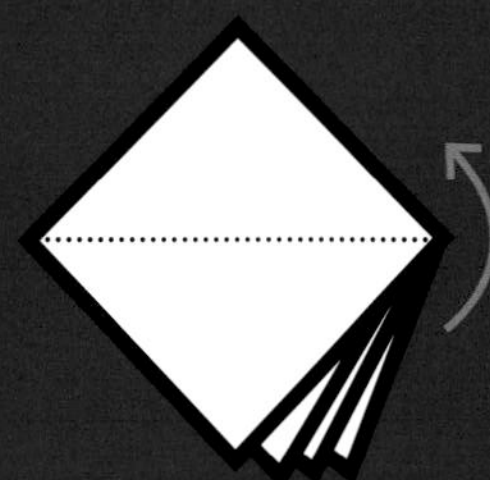

Die aus Südafrika stammende Strelitzie ist ein wahrer Exot unter den Blumen. In Serviettenform gefaltet, sieht sie wie ein kleines Kunstwerk aus. Sie benötigen dafür quadratische Stoffservietten, mindestens 50 x 50 Zentimeter groß.

1. Legen Sie die Serviette ausgebreitet vor sich auf den Tisch. Klappen Sie die obere Hälfte auf die untere und die rechte auf die linke.

2. Drehen Sie die Serviette so, dass die offenen Spitzen nach unten zeigen. Klappen Sie die untere Hälfte auf die obere, so dass dabei ein Dreieck entsteht.

Seerose

Die Seerose ist die unangefochtene Königin der Teichpflanzen. Aus Stoff gefaltet und auf dem Teller platziert, kommt die schlichte Grazie dieser Blume optimal zur Geltung. Ihre Servietten sollten dabei nicht größer als 30 x 30 Zentimeter sein.

1. Legen Sie die Serviette ausgefaltet vor sich hin, und klappen Sie die vier Spitzen nacheinander zur Mitte.

2. Wenden Sie die Serviette von der Vorder- auf die Rückseite.

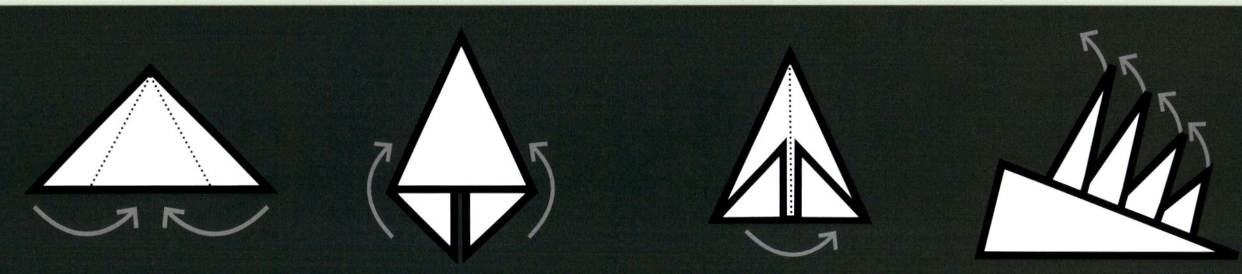

3. Falten Sie die linke und rechte Seite der Serviette nach unten zur gedachten Mittellinie. Wenden Sie die Serviette von der Vorder- auf die Rückseite.

4. Schlagen Sie die beiden unteren Zipfel nach oben um und drücken Sie sie fest an.

5. Falten Sie die linke Hälfte auf die rechte, so dass die beiden Zipfel innen liegen und drehen Sie die Serviette um 90 Grad im Uhrzeigersinn.

6. Ziehen Sie die vier oberen Lagen an ihren Spitzen vorsichtig nach oben. Fertig!

3. Klappen Sie erneut die vier Serviettenspitzen nacheinander zur Mitte.

4. Halten Sie alle Spitzen mit dem Daumen im Mittelpunkt fest, und ziehen Sie an der linken unteren Spitze die Unterseite der Serviette vorsichtig nach außen.

5. Gehen Sie mit allen drei anderen Spitzen ebenso vor. Fertig!

Hochsaison für Osterhasen

Hochsaison für Osterhasen

Wer findet in diesem Jahr das dickste Ei? Groß und Klein machen sich im Garten auf die Suche. Mit Fantasie und Spürsinn werden die besten Verstecke des Osterhasen entlarvt. Und auch am Frühstückstisch hat der langohrige Gefährte für die Gäste einige Überraschungen auf Lager.

Der Stil

Eier, Küken, Nester – all das steht Ostern hoch im Kurs und gibt's auch auf der Ostertafel zu entdecken. Bunt darf es zugehen, wenn Meister Lampe den Tisch deckt. Gelb, Rot und Blau verbreiten Frische und Lebendigkeit, Weiß und Grün die Zartheit der Frühlingsblumen. Mit kindlichem Charme und einer Prise Humor erfreuen allerlei selbst gemachte Basteleien nicht nur die kindlichen Gemüter.

Keine Frage, Eier sind zu Höherem bestimmt. Ausgeblasen dienen sie als österliche Vasen. Die größeren vom Vogelstrauß eignen sich besonders gut für kleine Sträuße oder Bepflanzungen, wie hier mit Traubenhyazinthen. Bunte Pompons, einfach auf die Schale geklebt, setzen fröhliche Akzente.

Empfangen Sie Ihre Gäste mit offenen Armen! Mit wenigen Handgriffen bringen Sie Ihre Tischdeko dazu, das Gleiche zu tun. Bepflanzen Sie ein Straußenei mit buschigem Mastkraut. Winkende Hände sind schnell aus Moosgummi ausgeschnitten, an Draht befestigt und in die Pflanze gesteckt.

Was wäre das Osterfest ohne fröhlich-bunte Schokoladeneier? In ein Straußenei gefüllt, sehen die süßen Schokosnacks besonders appetitlich aus. Da werden nicht nur die Kiddies begeistert sein. Als Eierbecher in Übergröße dient ein mit Gras gefüllter Keramiktopf.

Da Meister Lampe offensichtlich ein schüchterner Zeitgenosse ist, versteckt er sich mit seinen Gehilfen hinter hohen Töpfen mit Bubikopf-Pflanzen. Die Ohren sind mit Filz, Schere und Klebstoff schnell gemacht. Mit Basteldraht werden sie in Form gebracht und paarweise in die Gefäße gesteckt.

Der Frühling ist da! Und dieses farbenfrohe Gespann aus sonnengelben Tête-à-Tête-Narzissen und strahlend blauen Traubenhyazinthen heißt ihn herzlich willkommen. Ausgeblasene Gänseeier dienen als kleine Vasen und werden mit Heißkleber auf ein Holzbrett geklebt. Bubikopf und Zwiebeln in bunten Tontöpfchen sorgen für weiteren Osterspaß.

Hefezopf

→ **Das brauchen Sie:** 750 g Mehl, 30 g Hefe, 3/8 l Milch, 150 g Butter, 3 Eier, 150 g Zucker, 110 g Korinthen, 1/2 TL Salz, 1 Eigelb zum Bestreichen, abgeriebene Schale einer Zitrone

→ **So wird´s gemacht:** Erhitzen Sie die Milch bis sie lauwarm ist. Vermengen Sie gesiebtes Mehl, Hefe und die Milch zu einem Teig. Lassen Sie ihn an einem warmen Ort etwa eine halbe Stunde gehen. Die flüssige zimmerwarme Butter, die zimmerwarmen Eier, Zucker, Zitronenschale sowie Salz dazugeben und einkneten. Anschließend die Korinthen ebenfalls unterkneten. Formen Sie drei gleich große Teigrollen, flechten Sie diese zu einem Zopf und legen Sie sie auf ein mit Backpapier ausgelegtes Blech. Bestreichen Sie den Zopf mit Eigelb, je nach Geschmack können Sie ihn auch zusätzlich mit Hagelzucker oder Mandelblättchen bestreuen. Im Ofen bei 200 °C ca. 40 bis 45 Minuten backen. Wer will, serviert den beliebten Klassiker in einem Bett von bunten Zuckereiern.

Charmant und quietschvergnügt lässt die bunte Girlgroup die Gäste schmunzeln. Luftschlangenrollen verwandeln sich in Eierbecher, und mit Nudeln als Haarklammern kann modisch garantiert nichts schief gehen.

XXL-Ei Schmücken Sie Ihren Ostertisch doch eine Nummer größer mit Straußeneiern. In Gartencentern und beim Floristen sind sie rechtzeitig zur Osterzeit erhältlich. Zum Bepflanzen der Eier erweitern Sie das Loch in der Schale zunächst vorsichtig mit einem Nagel, anschließend mit der Kombizange, bis die gewünschte Größe erreicht ist.

Checkliste

➔ **Geschirr:** weißes Porzellan, zusätzlich buntes Geschirr wie z. B. Eierbecher, Müslischalen

➔ **Tischwäsche:** keine Tischdecke, evtl. bunte Tischsets und Servietten in Rot, Gelb, Grün oder Blau

➔ **Blumen:** Tête-à-Tête-Narzissen, blaue oder weiße Traubenhyazinthen, Vergissmeinnicht oder Bellis, Mastkraut, Bubikopf-Pflanzen

➔ **Außerdem:** ausgeblasene Eier von Huhn, Gans und Strauß, farbige Pompons, buntes Moosgummi, Draht, Luftschlangen, Nudeln und Bastelschnur für die Eierfiguren, Filz für die Hasenohren

Der Mai ist gekommen

Der Mai ist gekommen

Die Bäume werden grün, spätestens jetzt im Wonnemonat. Die Sonne schickt schon mal ein paar warme Strahlen vom Himmel und lockt uns zu den ersten Feiern nach draußen. Schnell ist der Waldmeister gepflückt und die Bowle angesetzt. Am Maibaum flattern die bunten Bänder im Wind, und Kniestrümpfe werden gegen Söckchen getauscht.

Der Stil

Grün wie das Laub der gerade ausgeschlagenen Bäume ist die Tischdekoration zum Maienfest. Ob Blumenschmuck oder Früchtereigen, ob Kerzen oder Servietten – der Frischekick ist an dieser Tafel garantiert. Knackig grüne Äpfel und heitere Margeriten bilden den unkomplizierten Rahmen für ein Festessen mit Spargel und Erdbeeren, den Stars der Saison.

Da hat es sich eine Margeritenblüte richtig gemütlich gemacht. Das kuschelige Bett besteht aus Frauenmantel und strahlt mit seiner hellen, gelb-grünen Färbung pure Lebensfreude aus. Hierfür brauchen Sie eine Schale, am besten in konischer Form, die Sie mit Frauenmantel füllen und in die Mitte eine einzelne Margerite stecken.

Überraschen Sie Ihren Besuch doch mit einem persönlichen Geschenktütchen. So weisen Sie Ihren Gästen freundlich einen Platz zu und bereiten ihnen gleichzeitig eine kleine Freude. In der dekorativen Papiertüte tummelt sich außerdem ein knackiger Apfel; frech ragt eine Margerite in die Höhe.

Maibowle

➔ **Das brauchen Sie:** ca. 150 g Zucker, 1 Bund Waldmeister, je 2 bis 3 Blatt Pfefferminze, Zitronenmelisse und Pimpinelle, 15 Blätter von schwarzer Johannisbeere, 1 Flasche trockenen Weißwein, 1 Flasche trockenen Sekt

➔ **So wird´s gemacht:** Geben Sie die Kräuter und den Zucker in ein Gefäß, und fügen Sie eine halbe Flasche Wein hinzu. Lassen Sie diesen Sud etwa eine Stunde ziehen. Danach entfernen Sie die Kräuter und geben den restlichen Wein dazu. Erst kurz vor dem Servieren fügen Sie die Flasche Sekt hinzu. Besonders hübsch sieht die Bowle aus, wenn Sie sie mit Waldmeisterblättern und Apfelschalen servieren. Tipp: Damit das Getränk schön grün wird, mischen Sie einen Schuss leckeren Waldmeistersirup bei. Aber Vorsicht bei der Dosierung, damit die Bowle nicht zu süß wird.

Spritzig wie kleine Fontänen ragt die Rispenhirse aus grünen Äpfeln. Geben Sie einige Frauenmantelblüten in ein Glas mit Wasser, und setzen Sie den Apfel einfach hinein. Solch kleine Eyecatcher sind ohne großen Aufwand gemacht und sehen zu mehreren am schönsten auf der Tafel aus.

Wie auf einem kleinen See schwimmen apfelgrüne Kerzen auf Frauenmantelblüten in wassergefüllten Windlichtgläsern. So rückt der Sommer gleich noch ein Stückchen näher. Zwischen den Gläsern sind grüne Filznuggets lose über den Tisch gestreut.

Eine Schale mit grannygrünen Äpfeln wird zusammen mit Rispenhirse zur fruchtigen frühsommerlichen Augenweide. Fast zu schade, um sich daraus eine Extraportion Vitamin C zu genehmigen.

Checkliste

- **Geschirr:** weißes Porzellan, kelchförmige Bistrogläser
- **Tischwäsche:** weiße Baumwolltischdecke, kleinere hellgrüne Tischdecke, hellgrüne Servietten
- **Blumen:** Margeriten, Kamille, Frauenmantel, Rispenhirse, grüne Äpfel (Granny Smith)
- **Außerdem:** konische weiße Schalen, grüne Teelichtgläser, grüne Filznuggets, kleine grüne Schwimmkerzen und/oder Stumpenkerzen

Attraktiv und lecker Keine Sorge, die Vitamine der knallgrünen Äpfel fallen nicht der Dekoration zum Opfer. Da die Rispenhirse weder für Frucht noch für Mensch schädlich ist, können die Äpfel anschließend problemlos verzehrt werden. Sie sollten damit jedoch nicht zu lange warten oder die Früchte gleich zusammen mit einer anderen würzigen Sorte zu Apfelmus verarbeiten.

Cool up
fresh lemon

Zwischen Akten, Laptop und Handy

Zwischen Akten, Laptop und Handy

Die kleine Rede ist gehalten und, nun wird mit allen Kollegen angestoßen. Ob Geburtstag, Einstand oder ein besonderer Vertragsabschluss: Gründe zum Feiern gibt es auch im Büro genug. Ein paar Minuten den Blick vom Bildschirm lassen, das Telefon ignorieren und gemeinsam lachen – das tut gut und stärkt den Teamgeist.

Der Stil

Wenn im Büro gefeiert wird, ist selten Zeit für lange Vorbereitungen. Trotzdem soll's einfallsreich sein und bei den Kollegen in guter Erinnerung bleiben. Die persönliche Note und ein kleines Augenzwinkern bei der Dekoration, die ruhig etwas improvisiert wirken darf, sind daher ein absolutes Muss. Die Zubereitung von Kanapees oder belegten Brötchen übernehmen am besten die Profis.

Wer sagt denn, dass in gepolsterten Briefumschlägen nur langweilige Dinge stecken können? Funktionieren Sie Büromaterial einfach zu pfiffigen Übertöpfen um. Stellen Sie kleine Topfpflanzen hinein oder platzieren Sie das Besteck darin. Was vom Umschlag übersteht, wird einfach nach außen umgekrempelt. Beim dekorativen Briefinhalt handelt es sich übrigens um lila-blaue Hortensien.

Auch Blumen wollen für geschäftliche Anlässe adrett gekleidet sein. Natürlich darf dabei der Schlips nicht fehlen! Stellen Sie einzelne Gerbera in farbige und mit Wasser gefüllte Flaschen. Knoten Sie um den Flaschenhals je eine gestreifte Serviette, fertig ist das Businessoutfit!

In Reih und Glied haben sich diese Rittersporne versammelt, um einen neuen und besonderen Arbeitstag anzutreten. Die bunten hohen Vasen lassen die imposanten Blütenrispen noch prächtiger wirken. Die Streifenoptik entsteht durch Folie und Geschenkpapier, mit dem die Vasen ummantelt werden.

Mehrzweckflaschen im wahrsten Sinne des Wortes. Die ausgedienten Wasserflaschen helfen nicht nur als Vase, sondern gleichzeitig als witzige Pinnwand aus. Die selbstklebenden Notizzettel können Sie je nach Anlass mit netten Botschaften oder Wünschen beschriften.

Checkliste

- → **Geschirr:** Geschirr und Gläser aus Bürobestand, möglichst einheitlich
- → **Tischwäsche:** farbige Papierservietten, die zum Geschirr und den blauen Wasserflaschen passen
- → **Blumen:** kleine blaue Hortensienpflanzen im Topf, Rittersporn, einzelne Gerberablüten
- → **Außerdem:** blaue Flaschen, Luftpolsterumschläge, zu den Servietten passendes Geschenkpapier, durchsichtige Klebefolie, hohe, zylindrische Glasvasen

Blaues Wunder Farbige Flaschen verwandeln sich zu tollen und preisgünstigen Vasen. Ein großes Plus, denn gerade im Büro hat man selten mehrere einheitliche Gefäße zur Hand. Ob Prosecco-, Wasser- oder Sektflaschen spielt dabei keine Rolle. Die Etiketten lassen sich mit warmen Wasser und Spülmittel meistens ganz einfach ablösen.

Hochzeitsträume werden wahr

Hochzeitsträume werden wahr

Einmal im weißen Brautkleid vorm Altar stehen – endlich geht dieser Traum in Erfüllung! Nach aufregenden Wochen der Vorbereitung ist es nun so weit. Vor allen Freunden und Verwandten sagt das Paar „Ja" zueinander, und anschließend gibt es ein großes Fest. Wichtigste Requisiten für die Gäste: genug Taschentücher und Schuhe zum Tanzen.

Der Stil

Für den schönsten Tag im Leben darf die Dekoration schon mal etwas pompöser und aufwändiger ausfallen. Schließlich soll das Fest für Brautpaar wie Gäste unvergesslich bleiben. Rosen, zarte Bänder und Stoffe bilden den märchenhaften Rahmen, Pastellfarben verbreiten romantisches Flair. Dazu ein Hauch von Luxus und von allem ein bisschen mehr.

Aller guten Dinge sind drei! So auch bei den großen cremefarbenen Kerzen, die gleich mehrere Dochte haben und daher besonders festlich erstrahlen. Zarte Kränzchen aus Silberdraht, Thymian, Salbei und Rosmarin sind mit Schmucknadeln daran befestigt und sorgen für die liebliche Note.

Die Etagere aus weiß lackiertem Metall erinnert an eine traumhafte Hochzeitstorte. Allerdings sind statt süßer Marzipanblumen echte Rosen, Hortensien und Kräuter die blühende Zier. Da die kurz geschnittenen Blüten in den kleinen Gläschen lange frisch bleiben, lässt sich dieser Tischschmuck besonders gut vorbereiten.

Dieses Gesteck in zarten Pastelltönen steht für Romantik pur! Dicht an dicht schmiegen Rosen, Hortensien und Nelken sich in einer Amphore aneinander. Drumherum bilden Thymianzweige den grünen Rahmen. Ein Kräuterkränzchen mit zartem Band ist das i-Tüpfelchen des Schmucks.

Rosen geleiten die Gäste sicher an ihren Platz. Dafür werden einzelne Rosenblüten in Orchideenröhrchen gesteckt, mit Thymian umwickelt und mit einem Namensschildchen versehen. Befestigen Sie die hübschen Platzanweiser vorsichtig mit einer Nadel an der Stuhllehne.

Unendliche Liebe wünscht sich das Brautpaar. Und dafür stehen auch die Eheringe, die sich Braut und Bräutigam in der Kirche gegenseitig anstecken. Bei der blumigen Dekoration des Festes können kleine Kränzchen, zum Beispiel aus Thymian, diesen Gedanken symbolisieren. Mithilfe von Draht sind sie schnell gebunden und an Stühlen, Servietten oder in Gestecken befestigt.

Checkliste

➔ **Geschirr:** aus dem Bestand des Restaurants, bevorzugt edles weißes Porzellan

➔ **Tischwäsche:** aus dem Bestand des Restaurants, bevorzugt weiße Damasttischdecken und -servietten, evtl. pastellfarbene Tischläufer aus Organza

➔ **Blumen:** Rosen, Nelken und Hortensienblüten in Pastelltönen, verschiedene Kräuter wie Thymian, Rosmarin, Salbei, Lavendel

➔ **Außerdem:** verschnörkelte Etageren, Teelichtgläser, zarte Bänder in Pastelltönen, weißes Spitzenband, große cremefarbene Kerzen mit mehreren Dochten, antik wirkende Amphoren, Steckschaum, Orchideenröhrchen, Draht

Stil und Etikette

Präzise einladen

Peinlich, peinlich: Ein Bekannter lädt Sie spontan zu einer Feier ein, und dann stehen Sie mit leeren Händen auf seiner Geburtstagsparty. Um solche Fauxpas zu vermeiden, verschicken Sie detaillierte Einladungen mit Ort, Zeit und Anlass. So können sich Ihre Gäste auf den Rahmen des Festes einstellen. Wer von außerhalb kommt, freut sich über eine genaue Wegbeschreibung.

Nicht trödeln

Kalkulieren Sie für die Organisation einer Party lieber etwas mehr Zeit ein. Denn manche Gäste, die zum Beispiel von außerhalb anreisen, kommen schon mal etwas früher. Dann wollen sie nicht noch lange warten, bis Sie fertig gekocht oder sich gestylt haben.

Dresscode festlegen

Ob Sie zu einer Cocktailparty oder zur Hochzeit bitten, jeder Anlass verlangt ein entsprechendes Outfit. Wenn Sie nicht gerade zu einer gemütlichen Kochrunde unter guten Freunden einladen, ist es ratsam, in der Einladung einen Dresscode festzulegen. Denn als Gast gibt es kaum etwas Unangenehmeres, als wegen seiner Kleidung ungewollt aus der Reihe zu tanzen. Und Sie als Gastgeber haben es in der Hand, derartige Situationen zu vermeiden.

Schuhe anbehalten

Alles ist für die Party vorbereitet, und Ihre Wohnung ist picobello sauber. Trotzdem sollten Ihre Gäste die Schuhe anbehalten dürfen. Schließlich haben sie sich Gedanken um ihr Outfit gemacht, sich herausgeputzt und wollen das Abendkleid nicht mit Stoffschlappen kombinieren oder im Smoking mit Strümpfen herumlaufen. Wer also nagelneue Parkettböden hat, muss wohl oder übel mit Abnutzungsspuren durch höhere Absätze leben. Sehr empfindliche und wertvolle Teppiche räumen Sie für den Abend einfach beiseite.

Offiziell begrüßen

All Ihre Freunde sind erschienen, um mit Ihnen zu feiern. Zwar wissen diese sicher, dass Sie sich darüber freuen. Besonders wertgeschätzt fühlen sie sich jedoch, wenn Sie alle in großer Runde offiziell begrüßen, sich bei ihnen für ihr Kommen bedanken und eventuell den weiteren Verlauf des Abends verkünden.

Rücksicht walten lassen

Eine Party bietet die perfekte Gelegenheit, um den Alltag hinter sich zu lassen. Dennoch sollten Sie an die Nachbarn denken und ihnen einige Tage vor der Feier mitteilen, dass es eventuell etwas lauter werden könnte. Wenn sich das Fest dem Ende zuneigt, geleiten Sie Ihre Gäste selbstverständlich zur Tür, verabschieden sie allerdings noch in der Wohnung, da der Lärm sonst andere wecken könnte.

Rauchen ermöglichen

Quarzen erlauben oder nicht, das ist immer eine heikle Frage. Legen Sie zu Beginn der Feier eindeutig fest, wie Sie es mit dem Rauchen in Ihren eigenen vier Wänden handhaben. Wenn Sie selbst dem blauen Dunst nicht frönen, müssen Sie den Qualm in Ihrer Wohnung auch nicht dulden. Damit sich Ihre rauchenden Gäste wohl bei Ihnen fühlen, sollten Sie Ihnen dennoch ausreichend Aschenbecher zur Verfügung stellen. Platzieren Sie sie auf dem Balkon, auf der Terrasse oder an großen Fenstern, und leeren Sie sie zwischendurch mal aus.

Richtig vorstellen

Als Gastgeber achten Sie geschickt auf das Wohl der Gäste, so dass sich keiner benachteiligt fühlt. Doch wissen Sie auch, wie Sie fremde Gäste einander perfekt vorstellen? Grundsätzlich werden den Älteren zuerst die Jüngeren vorgestellt, der Gruppe zunächst ein Einzelner und einer Frau der Mann. Bei Kollegen geht jedoch die Hierarchie vor Alter und Geschlecht.

Gekonnt small talken!

Small Talk auf Partys ist die beste Gelegenheit, um neue Kontakte zu knüpfen. Gute Aufhänger sind Geburts- oder Wohnort. Auch die Musik, die gerade gespielt wird, oder Fragen zum Büfett können eine Unterhaltung zum Laufen bringen. Weitere empfehlenswerte Themen sind Kunst, Kultur, Sport oder Wellness. Auf heiklem Terrain bewegen Sie sich jedoch bei Themen wie Glauben, schwere Krankheiten und Politik. Besonders an letzterem erhitzen sich häufig die Gemüter, die dann nur schwer wieder zu besänftigen sind.

VIEL GLÜCK
VIEL SPAß!

Reise nach Jerusalem

Reise nach Jerusalem

Kaum hat es an der Tür geklingelt, ist die wilde Rasselbande nicht mehr zu bändigen. Ab nach draußen, heißt es dann, wo der Geburtstagstisch mit allerlei Überraschungen gedeckt ist. Bei Topfschlagen, Blindekuh, Wattepusten oder Mumienwickeln wird sich zeigen, wer am pfiffigsten ist und eine prall gefüllte Gewinntüte mit nachhause nehmen kann.

Der Stil

Action ist bei Kinderpartys vorprogrammiert, deshalb sollten nicht das feinste Porzellan und Tafelsilber auf den Tisch. Wer es besonders unkompliziert mag, verwendet Pappgeschirr mit passenden Servietten. Statt hoher Vasen mit Wasser, die im Trubel schnell mal umkippen könnten, werden Tontöpfe bunt bepflanzt. Und wenn das Wetter mitspielt, zieht die Geburtstagsrunde einfach auf die grüne Wiese. Bierkästen mit aufgelegten Holzplatten werden zu improvisierten Tischen, große Sitzkissen sind gemütlicher als jeder Stuhl.

Bunt, bunter, Kindergeburtstag! Mit Pinsel und Plakafarbe werden alte Töpfe für das große Fest der Kleinen rausgeputzt. Gartenblumen wie Margeriten, Dahlien oder Studentenblumen strahlen mit den knalligen Farben um die Wette. Für noch mehr Pep beschriften Sie Moosgummi-Fähnchen mit kleinen Botschaften oder einem kessen Partymotto, und stecken Sie sie an Holzspießen in die Pflanzen.

So macht Durstlöschen gleich noch mehr Spaß! Limonade in bunten Plastikflaschen ist der Renner unter den Kids. Mit einer einzelnen Margeritenblüte, die Sie an einem Draht befestigen und um den Flaschenhals wickeln, bekommt das beliebte Getränk den besonderen Dreh.

Ein Geburtstagskuchen mit Kerzen zum Auspusten gehört auf jeden Fall dazu. Mit einer Schokoglasur oder schlicht mit Puderzucker bestäubt, ist ein Gugelhupf schnell gebacken und, wenn mal gar keine Zeit sein sollte, notfalls sogar im Supermarkt erhältlich. Drumherum bunte Smarties, denn die lassen jedes Kinderherz höher schlagen.

Wer seinen Namen gefunden hat, darf ihn anschließend aufessen. Russisch Brot anstelle von Namenskarten verrät, wer neben wem sitzen darf. Und in bunte Papierservietten wird kurzerhand ein Knoten gemacht und eine Margerite hinein gesteckt.

Für Naschkatzen Kinder lieben's kunterbunt. Daher kommen Smarties bei den Kleinen immer gut an. Aber auch Klassiker wie Gummibärchen oder bunte Zuckerstreusel, die Sie über die noch flüssige Glasur geben, lassen selbst den süßesten Kuchen noch leckerer aussehen. Mäusespeckgrillen und Mohrenkopfwettessen stehen ebenfalls hoch im Kurs.

Checkliste

→ **Geschirr:** unempfindliches, buntes Geschirr, alternativ auch bunte Pappteller und -becher

→ **Tischwäsche:** buntes Baumwolltischtuch oder alternativ Tischdecke aus Papiervlies, einfarbige Papierservietten passend zu Geschirr und Tischtuch

→ **Blumen:** bunte sommerliche Topfblumen wie z. B. Margeriten, Studentenblumen, Dahlien, Männertreu

→ **Außerdem:** bunte Tontöpfe, Limo in Plastikflaschen, Draht, Kuchenkerzen, Smarties, mehrere Packungen Russisch Brot, Moosgummi, Holzspieße

Wo die Zitronen blühen

Wo die Zitronen blühen

Gerade aus dem Urlaub im Süden zurück, und schon steht die nächste Feier ins Haus? Da kommt das Zitrus-Motto für die Party gerade recht. Denn selbst wenn der Sommer seinem Namen keine Ehre macht, mit Zitronen, Limetten & Co. verlängert sich das Feriengefühl, und spontan steigen Stimmung wie gefühlte Temperatur.

Der Stil

Damit südländisches Flair in deutsche Wohnzimmer oder auf der Terrasse einzieht, bringen mediterrane Früchte und Kräuter die typische Würze. Beim Anblick von Zitronen, Limetten und anderen Zitrusfrüchten geraten nicht nur Italienfans ins Schwärmen. Leicht und beschwingt ist die Atmosphäre. Accessoires in spritzigem Gelb und Grün sorgen für Frische, in den Gläsern prickelt der Prosecco mit kühlem Zitronensorbet.

Leuchtende Farben, betörende Düfte, leckere Früchte – eine sommerliche Party im Zitruslook beflügelt alle Sinne. Kräuterbäumchen verbreiten ihr Aroma in luftiger Höhe über der Tafel, auf dem Tisch verströmen Limetten und Zitronen frischen Wohlgeruch.

Immer der Nase nach! Würziger Kräuterduft geleitet die Gäste an ihren Platz. Rosmarinzweige werden dafür in Limetten gesteckt und bekommen ein Namensfähnchen aus Pergamentpapier umgehängt.

Wie ein Sommerfeuerwerk zieht der Strauß mit üppiger Grasmanschette die ganze Aufmerksamkeit auf sich. Für fruchtig-frischen Duft sorgen Rosen, Kamille und Dill sowie Limetten- und Zitronenhälften, die einfach aufgespießt und zwischen die Blumen gesteckt werden.

Linke Seite: Formschnitt für Kräuter. Wie das geht? Die kugelrunden Bäumchen haben eine Basis aus Steckschaum, die dicht an dicht mit Zweigen von Salbei und Olive besteckt wird. Auf einen Holzstab gespießt, der in einen Topf eingegipst wird, bekommen sie die nötige Standfestigkeit.

Caipirinha

➔ **Das brauchen Sie:** 4 TL weißen Zucker oder braunen Rohrzucker, 1 Limette, 2 cl Lime Juice, 6 cl Cachaca oder Pitú, zerstoßenes Eis (Crushed Ice)

➔ **So wird´s gemacht:** Vierteln Sie die Limetten und füllen Sie sie in ein Whiskyglas. Streuen Sie anschließend den Rohrzucker darüber und zerstoßen Sie das Ganze mit einem Mörser. Füllen Sie das Glas bis obenhin mit gestoßenem Eis auf und geben dann den Cachaca bzw. Pitú hinzu. Jetzt fehlt nur noch der typische Strohhalm. Rühren Sie den Cocktail vor dem Servieren mit dem Halm kräftig um, am besten von oben nach oben, damit der Zucker etwas aufgewirbelt wird. Garnieren Sie das Getränk mit einer Limettenscheibe am Glasrand. Wenn Sie zum Eiszerstoßen keine eigene Maschine besitzen, füllen Sie Eiswürfel in eine Gefriertüte und schlagen vorsichtig mit einem Hammer darauf. Damit erzielen Sie denselben Effekt. Übrigens ist Caipivodka eine in Brasilien sehr beliebte Variante von Caipirinha, bei dem anstelle des Cachaca bzw. Pitú die gleiche Menge an Wodka verwendet wird.

Zitronentorte

➔ Das brauchen Sie: 150 g Zucker, 200 g Philadelphia-Frischkäse, 2 EL Zitronensaft, 1 Päckchen Zitronen-Götterspeise, ½ l Sahne. Für den Teig: 200 g Vollkornbutterkekse, mindestens 150 g Butter, 2 EL Zucker. Zum Garnieren evtl. Zitronenscheiben, grüne Marzipanblätter

➔ So wird´s gemacht: Für den Boden lassen Sie die Butter auf niedriger Temperatur schmelzen. Die Butterkekse fein hacken. Verrühren Sie die Kekskrümel zusammen mit der inzwischen wieder abgekühlten Butter und 2 EL Zucker in einer Schüssel. Verteilen Sie die Masse auf dem Boden einer Springform. Für die Füllung verrühren Sie den Philadelphia-Frischkäse, den Zucker und den Zitronensaft. Lassen Sie anschließend das Päckchen Zitronen-Götterspeise mit ein wenig Wasser quellen, rühren Sie eine Tasse kochendes Wasser hinein und fügen Sie das Ganze zur Käsemasse hinzu. Schlagen Sie die Sahne und heben Sie sie ebenfalls unter die Masse. Stellen Sie zum Garnieren Zitronenscheiben an den Innenrand der Tortenform, und gießen Sie schließlich die Masse hinein. Für mindestens fünf bis sechs Stunden kalt stellen und kurz vor dem Servieren nach Wunsch mit Marzipan verzieren.

Südländisches Sommerfeeling im Glas. Binden Sie Rosmarin- und Thymianzweige mit Bast oder Schleifenband um einfache Trinkgläser. Füllen Sie die Gläser mit gelben Rosen, Kamillenblüten, Dill und Wasser. Holzspieße mit halbierten Zitrusfrüchten bringen den Frischekick.

Der Duft des Südens Für ein frisches Mittelmeerflair sind mediterrane Kräuter das A und O. Ob als Pflanzen in einem bunten Töpfeallerlei, als Duftsäckchen für den Wäscheschrank oder als Gewürz in der Küche – Thymian, Rosmarin, Oregano und Lavendel gehören einfach dazu. Übrigens lassen sich alle vier Kräuter gut trocknen, wodurch sich das Dufterlebnis um viele Wochen verlängert.

Checkliste

➔ **Geschirr:** schlichtes weißes Porzellan, Glasteller, Glastortenplatte mit Fuß, schlichte Gläser

➔ **Tischwäsche:** weiße Baumwolltischdecke, weiße, grüne oder gelbe Baumwollservietten

➔ **Blumen:** gelbe Rosen, Kamillenblüten, Dillblüten, Thymian-, Rosmarin-, Salbei- und Olivenzweige, Steelgras

➔ **Außerdem:** Zitronen, Limetten, Keramiktöpfe, Holzstäbe, Steckschaumkugeln und Gips für die Bäumchen, hohe dünne Kerzen in Weiß, grüner Bast

Reine Formsache!

1 Schnapsglas Schnapsgläser kommen in der Regel nach dem Essen zum Einsatz. Das hochprozentige Getränk soll bei der Verdauung schwerer Gerichte behilflich sein. Je nach Sorte des Schnapses werden Gläser mit oder ohne Stiel verwendet.
2 Sherryglas Sherrygläser umfassen etwa zwölf Zentiliter, werden aber nur bis zur Hälfte gefüllt. Trockener oder Medium Sherry wird meist gut gekühlt als Aperitif zum Beispiel zu Tapas gereicht, Cream Sherry dagegen eher zu Nachspeisen.
3 Cognacschwenker Cognac steht für französisches Lebensgefühl pur. Serviert wird er in kurzstieligen, bauchigen Gläsern. Sie liegen gut in der Handinnenfläche, wobei sich der edle Tropfen leicht erwärmen und sein Bukett für den vollen Genuss entfalten kann.
4 Likörschale Wer zu den Naschkatzen zählt, kann einem guten Likör kaum widerstehen. Er wird meistens aus Früchten hergestellt und ist durch seinen Zuckergehalt sehr süß. Gereicht wird er in kleinen Likörschälchen nach dem Essen, zum Dessert oder zum Kaffee.
5 Martiniglas Geschüttelt, nicht gerührt – so mag James Bond seinen Martini. Den beliebten Cocktail servieren Sie in einem konischen Kelch mit Stiel und garnieren ihn am besten stilvoll mit einer Olive am Spieß.
6 Champagnerkelch Champagner ist der Star unter den Schaumweinen. Damit Ihr Perlwein länger prickelt, hat der Champagnerkelch eine schmale, hohe Form, die sich leicht nach oben verjüngt.
7 Sektflöte Ob mehr oder weniger festlich – wo es etwas zu feiern gibt, darf der Sekt nicht fehlen. Traditionell wird das beliebte kohlensäurehaltige Getränk in Sektflöten mit hohem Stiel serviert.

1 Schnapsglas, 2 Sherryglas, 3 Cognacschwenker, 4 Likörschale, 5 Martiniglas, 6 Chamapgnerkelch, 7 Sektflöte

8 Sektfontäne Die raffinierte Variante unter den Sektgläsern. Hierbei ist der Stiel innen hohl, so dass er sich ebenfalls mit Flüssigkeit füllt. Nach dem Genuss helfen spezielle Bürstchen beim Reinigen. **9 Biertulpe** Bier steht für gesellige Abende unter guten Freunden. Tafelfein macht sich das beliebte Getränk aus Malz, Hopfen und Hefe, wenn Sie es in einer Biertulpe servieren. Das gilt jedoch nur für Pils. Für Altbier, Kölsch und andere Sorten werden spezielle Gläser verwendet.

10 Mineralwasserglas Mineralwasser ist unverzichtbar auf jedem gedeckten Tisch. Ob Sie es lieber gekühlt oder bei Zimmertemperatur, still oder mit Kohlensäure trinken – in niedrigeren, schlichten Gläsern mit oder ohne Stiel ist es bestens aufgehoben. **11 Weißweinglas** Weißwein wird überwiegend zu Fischgerichten, Schalen- und Krustentieren sowie zu hellem Fleisch gereicht. Er wird gekühlt serviert und das Glas dementsprechend grundsätzlich am Stiel angefasst, um eine Erwärmung des Getränkes zu vermeiden.

12 Rotweinglas Rotweingläser sind in der Regel bauchiger und größer als Weißweingläser, damit der Wein sein samtiges Bukett besser entfalten kann. Er passt besonders gut zu Wild und anderem dunklen Fleisch. **13 Burgunderglas** Das ideale Glas für würzige Rotweine, wie z. B. Spätburgunder oder Blauen Burgunder. Die besonders bauchige Form und die große Kelchoberfläche dieses Glases unterstützen Aroma und Duftentwicklung.

8 Sektfontäne, 9 Biertulpe, 10 Mineralwasserglas, 11 Weißweinglas, 12 Rotweinglas, 13 Burgunderglas

Letzte Runde für den Sommer

Letzte Runde für den Sommer

Auch wenn der Sommer sich dem Ende zuneigt, ein paar warme Sonnenstrahlen hat er noch im Gepäck und sich extra für die letzten Outdoor-Feste der Saison aufgehoben. Kaum haben die Wetterfrösche die gute Prognose verkündet, werden spontan Nachbarn und Freunde fürs Wochenende eingeladen. Zum Finale unter freiem Himmel.

Der Stil

Unkompliziert und zwanglos ist die Stimmung, wenn draußen gemeinsam gefeiert wird. Vielleicht zum letzten Mal in der Saison. Trotzdem darf ein bisschen Tischdekoration natürlich nicht fehlen. Zum legeren Anlass passen rustikale Bierflaschen, die als Vasen verwendet werden. Hochsommerliche Blüten sorgen darin für die fröhliche Note. Und wer weiß, vielleicht kommt ja sogar der Grill noch mal zum Einsatz.

Gesellige Runde nach dem Two-in-one-Prinzip. Die Bierflaschen dienen sowohl als trendige Vasen wie auch als pfiffige Kerzenhalter. In warmen, sonnigen Orangetönen verbreiten Rosen, Dahlien und Lampionblumen-Früchte spätsommerliche Lebensfreude.

Jede ein Unikat. Mit Filz, Papierdraht und Band wird jede Flasche individuell aufgepeppt. So lassen sich ganz einfach attraktive Akzente setzen. Anschließend die Flaschen in kleinen Gruppen auf dem Tisch zusammen stellen.

Wer etwas mehr Zeit hat und die schlichte Dekoration noch perfektionieren möchte, kann dies mit kleinen, selbst gemachten Kränzen zum Beispiel aus Buchsbaum tun. Die immergrünen Zweige können Sie auf Drahtringe wickeln oder direkt beim Floristen fertig kaufen.

Orange hellt die Stimmung auf und belebt die Sinne. Entsprechend fröhlich strahlt einem dieser Kranz aus Früchten der Lampionblume entgegen. Fädeln Sie die Früchte auf einen Draht, formen Sie ihn zu einem Kranz, und verzieren Sie ihn mit farblich passendem Satinband. Zum Schluss: ran an den Flaschenhals.

Rechte Seite: Für alle, die nicht zuhause feiern, aber die Dekoration trotzdem vorbereiten möchten: Stellen Sie die Flaschen auf ein Holzbrett in doppelter Reihe eng nebeneinander und befestigen Sie sie mit Heißkleber. So lässt sich die Deko gut transportieren.

Eng umschlungen steht dieses Biervasen-Quartett beieinander und zeigt, was es an Spätsommerblumen zu bieten hat. Die Flaschen werden zunächst mit einem Gummiband fixiert und dann mehrfach mit Papierdraht umwickelt. Verzwirbeln Sie die Drahtenden und schieben Sie sie unter die Umwicklung.

Ob kleiner Tisch oder lange Tafel, die Biervasen-Reihe lässt sich beliebig erweitern oder reduzieren. Wer ganz sicher gehen will, klebt die Flaschen mit Heißkleber auf gestrichene Spanholzplatten. Das sorgt für einen besonders guten Stand.

Vielseitiger Hopfen Man kennt ihn als essentielle Zutat im Bier. Aber er kann noch viel mehr. In Ranken auf den Tisch gelegt, eignet er sich prima als schnell gemachter spätsommerlicher Tafelschmuck. Und hätten Sie gewusst, dass bereits seit dem 11. Jahrhundert n. Chr. Zubereitungen aus den weiblichen Blütenständen traditionell als mildes Beruhigungsmittel eingesetzt werden?

Checkliste

- **Geschirr:** schlichtes weißes Porzellan, schlichte Gläser
- **Tischwäsche:** weiße Baumwolltischdecke, weiße Baumwollservietten oder Servietten passend zur Farbe der Blumen
- **Blumen:** hochsommerliche Blüten wie z. B. Dahlien und Rosen in Gelb- und Orangetönen, Rispenhirse, Kolbenhirse, Hopfen, Lampionblumen-Früchte, evtl. einige Buchsbaumzweige für die Kränzchen
- **Außerdem:** Bierflaschen mit Bügelverschluss, Stabkerzen in Orange oder Gelb, Filz- und Satinband in Orange, Papierdraht, Draht, evtl. ein langes Holzbrett oder Spanholzplatten und Abtönfarbe in Orange

Erika, der Herbst ist da!

Erika, der Herbst ist da!

Wenn der Herbstwind aus vollen Backen bläst, es draußen kalt, nass und unwirtlich wird, dann ist das die beste Zeit für ein gemütliches Treffen mit lieben Freundinnen. Bei Kaffee und Pflaumenkuchen mal wieder so richtig tratschen, klönen und alles Andere drumherum vergessen. Selten vergeht die Zeit so schnell!

Der Stil

Die besten Freundinnen sollen sich besonders wohl und willkommen fühlen. Ein liebevoll gedeckter Tisch zeigt, dass sich die Gastgeberin Gedanken gemacht hat. Moderner Landhausstil und rosa Romantik lassen sich mit einer Dekoration aus Erika perfekt kombinieren. Und für die Frauenclique darf es auch ein bisschen femininer Schnickschnack sein: Kerzen, verschnörkelte Gläser und Silberglanz sorgen für das richtige Flair und die persönliche Note.

Als Schmuck im Topf macht Erika auf der Tafel eine gute Figur. Platzieren Sie die Pflanzen nebeneinander in einer Reihe in der Tischmitte, oder stellen Sie sie einzeln auf. Nach der Feier wandern die Töpfe auf die Fensterbank oder in den herbstlichen Balkonkasten.

Die Servietten in kräftigem Bordeauxrot schmückt ein Silberdrahtgeflecht mit Sammelstücken aus der herbstlichen Natur. Darunter verrät roséfarbenes Japanpapier, das mit einem Silberstift beschriftet wird, wo Jana, Birthe, Susanne oder Barbara sitzen.

Darf's noch ein bisschen mehr Glanz sein? Dann binden Sie um die Servietten ein breites Sisalband mit einem schmaleren versilberten Papierstreifen darüber. Ein einzelnes Silberblatt setzt einen natürlichen, ebenfalls silbrig schimmernden Akzent.

Pflaumenkuchen mit Zimtstreuseln

➔ **Das brauchen Sie:** Für den Hefeteig: 30 g Hefe, 50 g Zucker, 375 g Mehl, 1 Ei, 1 EL abgeriebene Zitronenschale, 150 ml Milch, 60 g Butter, 1 Prise Salz, 1 ½ kg Pflaumen. Für die Streusel: 300 g Mehl, 150 g Zucker, ½ TL Zimt, 200 g zerlassene Butter

➔ **So wird´s gemacht:** Füllen Sie Mehl, Zucker, Zitronenschale, Ei und eine Prise Salz in eine Rührschüssel. Erwärmen Sie Milch und Butter und lösen Sie die Hefe darin auf. Geben Sie das Milch-Butter-Gemisch zu den anderen Zutaten in die Schüssel und kneten Sie das Ganze zu einem Hefeteig. Lassen Sie diesen an einem warmen Ort 15 Minuten gehen, kneten Sie ihn mit den Händen durch und lassen Sie ihn danach nochmals 15 Minuten gehen. Entkernen und halbieren Sie die Pflaumen. Rollen Sie den Teig auf einem gefetteten oder mit Backpapier ausgelegten Blech aus, und belegen Sie ihn mit den Pflaumen, die schuppenförmig angeordnet werden. Für die Streusel verarbeiten Sie Mehl, Zucker, Zimt und die zerlassene Butter mit dem Knethaken, und bröckeln Sie das Gemisch auf die Pflaumen. Schließlich den Kuchen etwa eine halbe Stunde bei 180 °C backen.

Sanftes Kerzenlicht verbreitet auch schon am Nachmittag eine herbstlich-gemütliche Stimmung auf dem Tisch. Sisalband, das um kleine Teelichtgläser gewickelt wird, verleiht natürlichen Charme. Für das abschließende Erikaband werden die Blütenstängel an das Glas angelegt und mit feinem Silberdraht in mehreren Umwicklungen fixiert.

Landhausstil gerne, aber bitte in der Edelvariante. Die antik anmutenden Keramik-Amphoren haben genau die richtige Größe für eine Erikapflanze. Ein aus Tillandsie gewickelter Kranz verleiht den Pflanzen einen elegant-nostalgischen Look. Für Glanz sorgt ein Efeublatt, das mit Schlagmetall versilbert wird.

Schlichte Stumpenkerzen können Sie ganz einfach veredeln, indem Sie aus Silberdraht ein zartes Geflecht anfertigen und dies mit eingesteckten kleinen Blüten und Beeren verzieren. Schmucknadeln helfen beim Befestigen an der Kerze.

Checkliste

➔ **Geschirr:** dickeres Steingut in Weiß oder Rosétönen, alternativ weißes Porzellan, verspielte Südweingläser

➔ **Tischwäsche:** Leinentischdecke und Servietten in Weiß oder Rosé, alternativ weißes oder roséfarbenes Baumwolltischtuch, evtl. Servietten mit Moiré-Effekt

➔ **Blumen:** Erikapflanzen, Blätter von Silberblattpflanzen, Efeublätter, Tillandsie für die Kränzchen, Beeren

➔ **Außerdem:** antik wirkende Amphoren als Pflanzgefäße, alternativ schlichte Glasgefäße, rosafarbene Teelichtgläser, Sisalband, Schlagmetall in Silber, Silberdraht

Topfkleid So schmückend Erika als herbstliche Pflanze auch ist, selten kommt sie in einem dekorativen Topf daher. Wenn Sie die Pflanze als Tischdeko verwenden wollen, stellen Sie sie in einen Glasübertopf, und füllen Sie den Zwischenraum mit silbrigen Blättern, Herbstlaub, Beeren oder anderen herbstlichen Fundstücken aus der Natur.

Happy Halloween

Georg

Happy Halloween

Alle, die dem gruseligen Treiben rund um Halloween nichts abgewinnen können, sind jetzt zum großen Kürbisfest eingeladen. Dabei hat die Riesenbeere natürlich ihren großen Auftritt. Schon vor der Tür heißen leuchtende Laternen die Gäste willkommen, und drinnen duftet es herrlich nach Kürbissuppe. Wer denkt da noch an Spuk und Geister?

Der Stil

Kürbis all over. Die pralle, knackige Frucht steht im Mittelpunkt des Festes. Und natürlich spielt sie auch bei der Dekoration die Hauptrolle. Ob klein, groß, glatt, gerillt, orange, grün, einfarbig oder gestreift, ist ganz egal. Hauptsache das Motto wird von der Tischkarte bis zum Kerzenhalter konsequent durchgezogen. Perfekte Gastgeber servieren ein Kürbisgericht dazu. Eingelegt, gebraten, überbacken oder als Suppe – die leckere Herbstfrucht macht fast alles mit.

Wer hätte gedacht, dass Kürbisse auch ohne lachende Fratzen so strahlen können? Der Bischofsmützenkürbis wird kurzerhand zu einem stimmungsvollen Kerzenständer umfunktioniert. Stanzen Sie die Löcher für die Kerzen mit einem Apfelstecher aus und verzieren Sie sie mit etwas Moos.

Dieser kleine Zierkürbis zeigt Ihren Gästen, wo's langgeht. Schreiben Sie den Namen des Gastes auf einen Geschenkanhänger, und befestigen Sie ihn mit Satinband am Kürbisstiel. Fertig ist ein attraktiver „Platzanweiser“, den die Gäste als Erinnerung sicher gerne mit nach Hause nehmen.

Kürbisauflauf

➔ **Das brauchen Sie:** Für 6-8 Personen: 1 kleiner Kürbis (ca. 2 kg), Salz, 20 g milde Pfefferschoten, 10 g frischer Ingwer, 4 Knoblauchzehen, 1 Orange, 2 EL Koriandergrün, 1-2 EL Currypulver, 100 getrocknete Aprikosen, 250 g rote Linsen, 250 g Zwiebeln, 6 EL Öl, 6 Eier, ¼ l Schlagsahne

➔ **So wird´s gemacht:** Schneiden Sie einen flachen Deckel vom Kürbis ab und höhlen Sie die Frucht bis auf einen Rand von zwei Zentimetern aus. Wattiges Fleisch und Kerne entfernen, den Kürbis mit Salz ausstreuen und umgedreht abtropfen lassen, bis die Füllung fertig ist. Die Hälfte der Orange dünn abschälen. Die Schale zusammen mit Pfefferschoten, Ingwer, Knoblauch und Koriander sehr fein hacken und das Currypulver dazugeben. Das Kürbisfleisch (ca. 350 g), Aprikosen und Zwiebeln würfeln, die Linsen dazufügen. Alles in Öl ca. 5 Minuten glasig dünsten. Die Gewürzmischung und den ausgepressten Saft der Orange dazugeben. Alles mit Salz würzen und sofort vom Herd nehmen. Reiben Sie den Kürbis von innen trocken. Die Füllung locker hinein geben. Verquirlen Sie die Eier mit der Sahne und gießen Sie die Masse über die Füllung. Den Kürbis mit dem zuvor abgeschnittenem Deckel zudecken und in eine flache ofenfeste Form setzen. Bei 175 °C ca. 1 ¾ Stunde backen. Den Deckel abnehmen und den Kürbis im ausgeschalteten Ofen weitere 15 Minuten ziehen lassen, fertig!

Auch die Kerne der Riesenbeere machen was her. Für die attraktive, kugelige Tischkarte geben Sie etwas Heißkleber auf die Kerne und fixieren sie auf einer Styroporkugel. Quasten und Namensschildchen werden mit einer Stecknadel festgesteckt.

Kürbislichter Kürbisse auszuhöhlen, gehört an Halloween einfach dazu. Wer nicht auf Grusel und Schauer steht, bastelt stattdessen vielleicht kleine Tischlichter aus Zierkürbissen. Schneiden Sie dafür mit einem stabilen Messer ein Loch in den Kürbis, bis ein Teelicht genau hineinpasst. Am besten gleich mehrere der Lichter zusammen aufstellen.

Checkliste

➔ **Geschirr:** schlichtes weißes Porzellan, schlichte Gläser

➔ **Tischwäsche:** weißes Baumwolltischtuch und weiße Baumwollservietten, alternativ Servietten in Orange

➔ **Blumen:** Herbstlaub, Efeu- oder Weinranken, Zierkürbisse in verschiedenen Formen

➔ **Außerdem:** Stabkerzen, Teelichter, Styroporkugeln, Kürbiskerne, Quasten, Satinband

Das große Gedeck

Ein Fünf-Gänge-Menü ist etwas ganz Besonderes für jeden Gast. Doch solch ein edles Mahl braucht auch ein etwas aufwändigeres Gedeck, um den festlichen Rahmen zu würdigen. Was auf den ersten Blick kompliziert aussieht, erweist sich in der Praxis als durchdacht und äußerst zweckmäßig.

Als wichtigste Regel gilt es, das Besteck so einzudecken, dass es der Gast von außen nach innen benutzen kann. Das am weitesten vom Teller entfernte Besteck ist demnach für die Vorspeise gedacht. Als nächstes folgt auf der rechten Seite der Löffel für die Suppe. Für Speisen mit Fisch werden eine eigene Gabel und ein spezielles Messer verwendet, mit dem sich der Fisch besonders gut zerlegen lässt. Messer und Gabel direkt neben dem Teller kommen beim Hauptgang zum Einsatz. Das etwas kleinere Besteck oberhalb des Tellers benutzen Sie für das Dessert. Je nachdem, was gereicht wird, wird unter Umständen auch nur der Löffel benötigt. Auf dem Brotteller an der linken Seite des Gedecks liegt das Buttermesser, das senkrecht mit der Schneide nach innen gedeckt wird. Auch die Anordnung der Gläser erfolgt nach einem einfachen Prinzip. Entweder werden sie in einer Diagonalen eingedeckt oder leicht versetzt, ein Glas vor dem anderen. Als Richtglas dient das Glas, aus dem der Wein zum Hauptgang (hier Rotwein) getrunken wird. Es steht über der Spitze des Messers für den Hauptgang. Rechts daneben kommt das Glas (hier Weißwein) für die Vorspeise, gefolgt vom Wasserglas. Wenn es zum Dessert einen Dessertwein oder Champagner gibt, stellen Sie dieses Glas links neben das Richtglas.

Beim Servieren der Speisen sollten Sie ebenfalls einige Grundregeln beachten: Das Essen wird von der linken Seite des Gastes angereicht, Getränke von der rechten Seite eingeschenkt. Abgeräumt wird ebenfalls von rechts. Bei großen Runden gilt beim Anreichen der Speisen: Zuerst wird die älteste oder „ranghöchste“ Dame bedient, dann alle anderen Damen nach der Sitzordnung, zuletzt die Gastgeberin. Wenn Sie dieses Prozedere anschließend bei den Herren wiederholen, sind alle zufrieden.

Nikolaus lässt grüßen

Nikolaus lässt grüßen

Überraschung! Diesmal hat der Mann mit dem roten Mantel nicht nur die Stiefel und Teller gefüllt, sondern auch gleich noch den Tisch gedeckt. Apfel, Nuss und Mandelkern locken die ganze Familie an den Tisch, und auch der eine oder andere Freund gesellt sich gerne dazu. Der Kamin knistert, im Ofen schmort der Bratapfel, und durchs Haus zieht ein herrlicher Duft.

Der Stil

Keine Frage, Rot und Weiß sind die klassischen Nikolausfarben, ohne die am sechsten Dezember auch bei der Tischdekoration nichts läuft. Die typischen Requisiten des weisen Mannes, wie Mütze, Jutesack, Schal und Stiefel, dürfen als fröhliche Akzente auch nicht fehlen. Und wie Souvenirs aus dem Wald werden Zapfen, Nüsse und Beeren locker über den Tisch gestreut. Das passt zur Adventszeit und stimmt langsam auf das Fest ein.

Advent, Advent ... In klassischem Rot erstrahlen hohe Kerzen auf dem urigen Zapfenkranz. Zieräpfelchen und Kiefernnadelbündel sind mit Draht daran befestigt. Die knallgrünen Filzsterne werden mit Schmucknadeln festgesteckt und machen den Kranz bei der ganzen Familie zum beliebten Tafelmittelpunkt.

Er ist der Star unter den Blumen im Advent: der Weihnachtsstern. Im XXS-Format und einem Topf in Tannenzapfenoptik wirkt er wie vom Nikolaus direkt im Wald entdeckt. Ein bunter Filzstern und kleine Bündel aus Kiefernnadeln sorgen für Pep.

Ein Klassiker im neuen Kleid. Dicke rote Stumpenkerzen haben sich mit Kiefernnadeln rausgeputzt. Dafür werden die Kerzen mit Draht auf Steckmasse befestigt. Die Kiefernnadeln sind mit buntem Papierdraht zu kleinen Bündeln zusammengefasst und mit Draht versetzt im Steckschaum verankert.

Das Besteck hat sich für die klirrende Winterkälte gerüstet. Kleine rote Nikolaus-Schals halten Messer und Gabel auf dekorative Weise zusammen. Schneiden Sie die Schals einfach aus Filz aus, und knoten Sie ein paar Wollfransen daran. Eine originelle Tischdeko, die in der kalten Jahreszeit für ein Schmunzeln sorgt.

Checkliste

→ **Geschirr:** schlichtes weißes Porzellan, evtl. mit roten Akzenten

→ **Tischwäsche:** keine Tischdecke, rote Tischsets aus Baumwolle

→ **Blumen:** Mini-Weihnachtssterne mit roten Blüten, kleine Zieräpfel, Kiefernnadeln, rote Äpfel

→ **Außerdem:** Zapfenkranz, Filzsterne und hohe rote Kerzen für den Kranz, Steckmasse, rote Stumpenkerzen, Papierdraht, Nüsse, Nikolausmützen aus Filz, Bastelfilz in Rot und weiße Wolle für die Schals, Töpfe mit Zapfenschuppen

Knackiger Weihnachtsgruß Als Übermittler von kleinen Botschaften oder als fruchtige Tischkarten machen rotwangige Äpfel auf der Nikolaustafel eine gute Figur. Ziehen Sie dafür einfach den Aufhänger einer alten Christbaumkugel ab, und setzen Sie ihn einem Apfel auf. Anschließend mit Band ein Zettelchen mit Gruß oder Namen daran befestigen, fertig!

Xmas goes Pop

Xmas goes Pop

Weihnachten mal ganz anders feiern. Dieses Jahr ist's so weit. Dazu werden alle eingeladen, die ebenfalls auf Konventionen pfeifen. Ungezwungen, bunt und schrill soll's sein. Strohstern und Tannengrün wird eine klare Absage erteilt, wenn bunter Party-Glamourlook den Einzug hält. Und zum Multikulti-Dinner erklingen heiße Salsa-Rhythmen statt süßer Glocken.

Der Stil

Für die unkonventionelle Xmas-Party kann es gar nicht schrill genug sein. Kräftige Farben mit Gold- und Silberglitter überzogen. Ein Hauch von Orient im wilden Mix mit russischer Folklore. Dazu ein paar exotische Blütenschönheiten, Perlen und Pailletten. Erlaubt ist, was gefällt, sofern es glitzert, bunt ist oder außergewöhnlich kombiniert wird.

Gewagter Mix zur Weihnachtszeit. Rot-gelbe Ruhmeskronen in kleinen bunten Glasvasen setzen farbige Akzente auf der Xmas-Tafel. Mit ihrer kapriziösen Form sind die Blüten ein extravaganter Eyecatcher.

Es können auch mal ein paar Kerzen mehr sein! Auf diesem ausgefallenen Adventskranz sind es gleich acht an der Zahl. Und es gibt noch viel mehr zu entdecken. Bunte Christbaumkugeln, Filzsterne, Walnüsse und Ruhmeskronenblüten, die in Orchideenröhrchen mit Wasser versorgt werden. Der Koniferenkranz ist an seiner Außenseite mit bunten Cannastäben beklebt.

Glanz und Glamour auch an den Servietten. Ein Geflecht aus zierlichem Golddraht, Pailletten und Perlen wird zum Serviettenring. Ein Dekostern und Kiefernnadeln wirken wie Juwelen aus dem Schmuckkästchen einer orientalischen Prinzessin.

Vertrautes neu in Szene gesetzt. Die klassisch roten Kerzen werden mit knallbunten Cannastäben und einem breiten Glitzerband umwickelt. Dazu ein kleiner Kiefernzweig und wippende Goldsterne an gedrehtem Draht. Am besten fertigen Sie gleich mehrere der Highlights an und verteilen sie auf der großen Tafel.

Wenn die Zeit mal wieder knapp ist: Arrangieren Sie Ihren Christbaumschmuck wie ein buntes Potpourri in einer großen Schale. Nur Mut, das bunt glitzernde Sammelsurium lebt von der Vielfalt! Für die Xmas-Party wandern ausgewählte Exemplare mit einem Namensschild daran als Tischkarten auf die Tafel.

Mit paillettenbesetztem Stoff können Sie einfachen Glas-Windlichtern kurzerhand ein modisches Party-Outfit anlegen. Als wäre das noch nicht Blickfang genug, umgeben perlengeschmückte Kiefernnadeln und leuchtend blaue Cannastäbe die dicke Kerze.

So kommt das Alpenveilchen zu ganz neuen Ehren. Der luxuriöse Stiefel ist etwas für Fortgeschrittene. Unter der weißen Schneewatte verbirgt sich ein Drahtgestell. Der Schaft ist mit einer Borte aus Koniferengrün und einem prachtvollem Stern verziert. Wer sich die Herstellung dieses Meisterstückes nicht zutraut, fragt am besten seinen Floristen.

Checkliste

➔ **Geschirr:** schlichtes weißes Porzellan, geradlinige Gläser

➔ **Tischwäsche:** keine Tischdecke, alternativ weißes Baumwolltischtuch, weiße Baumwollservietten

➔ **Blumen:** Ruhmeskronen, Alpenveilchen, Kiefernnadeln, Kranz aus Koniferengrün

➔ **Außerdem:** verschiedene Christbaumkugeln in knalligen Farben, Kugeln mit Gold- und Silberglitter, Nüsse, bunte Cannastäbe, verschiedene glitzernde Dekosterne, Orchideenröhrchen, hohe rote Kerzen für den Kranz, Stumpenkerzen in Orangerot und Lila, kleine farbige Glasvasen, Golddraht, Perlen, Pailletten, einfache Glaswindlichter und paillettenbesetzter Stoff zum Drumherumschlagen, breites Glitzerband, Papierdraht

Weihnachtsüberraschung Matroschka, bei uns fälschlicherweise oft Babuschka genannt, stammt ursprünglich aus Russland. Dort kennt sie jedes Kind. Die beliebte Schachtelpuppe eignet sich bestens, um darin kleine Geschenke oder Give-aways für die Gäste unterzubringen. Sie werden sehen: Die Frau ist immer für eine Überraschung gut!

Happy New Year
STEFFEN

Willkommen im neuen Jahr!

Willkommen im neuen Jahr!

Keine Lust auf die große Silvesterparty? Kein Problem. Denn zuhause mit Freunden feiert es sich mindestens ebenso gut. Ob Fondue oder Raclette, Fingerfood oder Wokgericht – natürlich dürfen Bleigießen, Knallbonbons, James und Miss Sophie dabei nicht fehlen. So steigt die Stimmung, bis um zwölf die Sektkorken knallen und das Feuerwerk den Himmel erhellt.

Der Stil

Silvester ist der krönende Abschluss des Jahres. Da darf es schon mal ein bisschen mehr glitzern und knallen als sonst. Buntes Konfetti und Luftschlangen schmücken den Tisch, wenn traditionelle Leckereien wie Mutzen und Berliner auf den Tisch kommen. Augenzwinkernd verheißen typische Silvesterrequisiten wie Klee, Schornsteinfeger und rosa Schweinchen Glück fürs neue Jahr. Und davon kann ja bekanntlich niemand genug haben.

Mit glitzernden Sternchen und Perlen an langen schwingenden Gräsern wirken die Tulpensträuße fast wie ein Tischfeuerwerk. Kleine Glückskleepflanzen passen in Übertöpfen aus knallgrünem Peddigrohr perfekt dazu. Silbernes Band setzt als Umwicklung einen schillernden Akzent.

Schornsteinfeger und Glücksschwein – da kann im neuen Jahr ja gar nichts schief gehen! Zumindest das Schweinchen können Sie mit einem kleinen Nelkengesteck einfach nachmachen. Für die Augen benötigen Sie Moosgummi und blaue Schmucknadeln. Ohren, Nase und Schwänzchen sind aus Moosgummi, rosafarbenen Pompons und Papierdraht und werden mit Stecknadeln an den Blüten befestigt.

Berliner Ballen

➔ **Das brauchen Sie:** 500 g Mehl, 42 g Hefe, 125 ml Milch, 100 g Butter, 100 g Zucker, 2 Eier, 1 TL Zitronensaft, Salz, Himbeermarmelade, Puderzucker

➔ **So wird´s gemacht:** Sieben Sie das Mehl in eine Schüssel und lösen Sie mit einem Esslöffel lauwarmer Milch die Hefe auf. Drücken Sie eine Kuhle in die Mitte des Mehls und lassen Sie die lauwarme Hefe-Milch einlaufen. Vermischen Sie den Rest der Milch, die flüssige Butter, Eier, Zitronensaft, Zucker und eine Prise Salz, und rühren Sie alles zusammen mit dem Hefegemisch unter das Mehl. Kneten Sie so lange, bis der Teig sich von der Schüssel löst. Lassen Sie den Teig 30 Minuten abgedeckt an einem warmen Ort gehen. Kneten Sie alles nochmals durch, und rollen Sie auf einer bemehlten Arbeitsfläche eine etwa 2 cm dicke Teigfläche aus. Stechen Sie mit einem Glas runde Stücke aus, und rollen Sie daraus Bällchen von höchstens 6 cm Durchmesser. Lassen Sie die Ballen zugedeckt nochmals eine halbe Stunde gehen. Die Bällchen bei etwa 170 °C in der Friteuse ausbacken, von jeder Seite etwa zwei bis drei Minuten. Lassen Sie sie etwas abkühlen. Noch warm füllen Sie mit einer Kuchenspritze die Marmelade ein. Nach dem Abkühlen mit Puderzucker oder Glasur verzieren.

Geringelte Pappbecher verbreiten fröhliche Partystimmung und werden kurzerhand zweckentfremdet: als Übertopf für Glücksklee oder – auf dem Kopf über ein Trinkglas gestülpt – als Standhilfe für eine einzelne Tulpe.

Glücksboten so weit das Auge reicht, selbst bei den Tischkarten. Der Klee wird in ein wasserdichtes Plastiktütchen gestellt und mit Luftschlangen umwickelt. Den farbigen Papierstreifen samt Botschaft und Namen befestigen Sie mit einer Schmucknadel im Topf.

Nanu, der Schornsteinfeger war wohl da und hat ein blumiges Präsent hinterlassen! Der knackige Tulpenstrauß steckt zur Feier des Tages in einem Zylinder. Zumindest sieht's so aus. Damit der schicke Chapeau Claque keinen Schaden nimmt, stehen die Blumen in einem niedrigeren Glasgefäß, das in den Hut gestellt wird.

Einfacher geht's nicht. Dieser Serviettenring ist originell und noch dazu blitzschnell gemacht. Teilen Sie von einer Rolle Luftschlangen etwa fünf Ringe am Stück ab, und streifen Sie sie über eine Serviette. Falls Sie Stoffservietten verwenden, rollen Sie diese eng zusammen, damit sie durch die Luftschlangen passen.

Verwandlungskünstler Luftschlange Zur ausgelassenen Silvesterfeier gehören Luftschlangen einfach dazu! Aber pusten Sie nicht alle Kringel aus, denn auch als farbenfrohe Gefäßummantelung oder Serviettenringe sind sie geeignet. Oder laden Sie doch am nächsten Morgen Freunde zum Neujahrsbrunch ein, und funktionieren Sie ein paar zusammenhängende Luftschlangenkringel zu witzigen Eierbechern um.

Checkliste

→ **Geschirr:** weißes Porzellan, schlichte geradlinige Gläser

→ **Tischwäsche:** silbrig- oder metallisch schimmernde Tischdecke oder Tischläufer, alternativ auch in Weiß, weiße Baumwollservietten oder einfarbige Papierservietten

→ **Blumen:** rosafarbene Tulpen und Nelken, Glücksklee, Steelgras

→ **Außerdem:** Schlichte Glasvasen, Übertöpfe aus grünem Peddigrohr, geringelte Pappbecher, Luftschlangen, Konfetti, Chapeau Claque (alternativ auch aus Plastik), silbernes Band, Moosgummi, Filz, blaue Schmucknadeln, rosafarbene Pompons, Papierdraht und kleine silberne Übertöpfe für die Nelken-Glücksschweine, Dekosterne, Perlen

Impressum

Herausgeber BLOOM's GmbH, Ratingen

Konzept Karen Meier-Ebert, Marion Hennig

Gesamtredaktion (vwtl.) Hella Henckel

Text/Redaktion Karen Meier-Ebert, Janika Meiners

Redaktionsassistenz Renate Haller

Floristische Leitung Klaus Wagener

Floristik/Styling Team 'profil floral'

Grafik Design Marion Hennig

Herstellung Michaela Gageik

Fotos Patrick Pantze-Werbefotografie GmbH, Lage

Weitere Fotos S. 3, 11, 63, 86, 114 (pixelio.de)

Druck Egedsa, Sabadell (E)

© 2007 Eugen Ulmer KG
Wollgrasweg 41
70599 Stuttgart (Hohenheim)
E-Mail: info@ulmer.de
www.ulmer.de

1. Auflage 2007
ISBN 978-3-8001-5348-0